PAPA FRANCISCO

CARTA APOSTÓLICA
CANDOR LUCIS AETERNAE

NO VII CENTENÁRIO
DA MORTE DE DANTE ALIGHIERI

Direção-geral: *Flávia Reginatto*

Editora responsável: *Vera Bombonatto*

Edição e adaptação: *João Vítor Gonzaga Moura*

Tradução: *Tradução oficial da Santa Sé, adaptada para o português do Brasil*

1ª edição – 2021

Título original: *Lettera Apostolica Candor Lucis Aeternae*
nel VII centenario della morte di Dante Alighieri

© dos textos originais, 2021:
Libreria Editrice Vaticana 00120 Città del Vaticano
ISBN: 978-88-2660-615-6

Nenhuma parte desta obra poderá ser reproduzida ou
transmitida por qualquer forma e/ou quaisquer meios
(eletrônico ou mecânico, incluindo fotocópia e gravação)
ou arquivada em qualquer sistema ou banco de dados
sem permissão escrita da Editora. Direitos reservados.

Paulinas
Rua Dona Inácia Uchoa, 62
04110-020 – São Paulo – SP (Brasil)
Tel.: (11) 2125-3500
http://www.paulinas.com.br
editora@paulinas.com.br
Telemarketing e SAC: 0800-7010081

© Pia Sociedade Filhas de São Paulo – São Paulo, 2021

ESPLENDOR DA LUZ ETERNA, o Verbo de Deus se fez carne no ventre da Virgem Maria quando, ao anúncio do Anjo, ela respondeu: "Eis aqui a serva do Senhor" (Lc 1,38). O dia em que a Liturgia celebra este Mistério inefável é particularmente significativo também na vida histórica e literária do insigne poeta Dante Alighieri, profeta de esperança e testemunha da sede de infinito presente no coração humano. Por isso, nesta ocasião, desejo também me unir ao coro numeroso dos que querem honrar a sua memória no sétimo centenário da sua morte.

Em Florença, de fato, o ano tinha início, segundo o cômputo *ab Incarnatione*, em 25 de março. Próxima do início da primavera e, na perspectiva pascal, esta data aparecia associada à criação do mundo e à redenção realizada por Cristo na cruz, início da nova criação. À luz do Verbo encarnado, esta data convida a contemplar o desígnio de amor que é o próprio coração e a fonte inspiradora da obra mais célebre do poeta: *a Divina Comédia*. No último canto desta, o acontecimento da Encarnação é lembrado por São Bernardo, com estes versos famosos: "No seio teu o amor aviventou-se, / E ao seu ardor, na paz da eternidade, / O germe desta flor assim formou-se" (*Par.* XXXIII, 7-9).[1]

---

[1] Usou-se a tradução brasileira de: JOSÉ PEDRO XAVIER PINHEIRO. *A Divina Comédia – Dante Alighieri*. São Paulo: Atena Editora, 1955.

Anteriormente, no *Purgatório*, Dante representara a cena da Anunciação esculpida em um penhasco rochoso (X, 34-37.40-45).

Por isso, nesta circunstância, não pode faltar a voz da Igreja que se associa à comemoração unânime do homem e do poeta Dante Alighieri. Com a beleza da poesia, soube exprimir, melhor que muitos outros, a profundidade do Mistério de Deus e do amor. O seu poema, expressão sublime da genialidade humana, é fruto de uma nova e profunda inspiração, de que o poeta, aliás, tem consciência quando fala dele como "este sacro poema / em que tem posto a mão o céu e a terra" (*Par.* XXV, 1-2).

Desejo, com esta Carta Apostólica, unir a minha voz à dos meus antecessores que honraram e celebraram o poeta, especialmente por ocasião de seus aniversários de nascimento ou falecimento, chamando novamente a atenção da Igreja, da universalidade dos fiéis, dos estudiosos de literatura, dos teólogos e dos artistas para este tema. Recordarei brevemente essas intervenções, prestando atenção nos pontífices do último século e nos seus documentos de maior relevo.

Capítulo 1

AS PALAVRAS DOS ROMANOS PONTÍFICES DO ÚLTIMO SÉCULO SOBRE DANTE ALIGHIERI

Há um século, em 1921, por ocasião do VI centenário da morte do poeta, Bento XV, recordando as ideias que surgiram nos pontificados anteriores, particularmente de Leão XIII e São Pio X, comemorou o aniversário de Dante tanto com uma Encíclica[1] quanto promovendo obras de restauração em Ravena, na Igreja de São Pedro Maior, chamada popularmente de São Francisco, onde se celebrou o funeral de Alighieri e em cujo cemitério foi sepultado. O papa, vendo com apreço as numerosas iniciativas tendentes a solenizar a ocorrência, reivindicava o direito da Igreja, "que foi sua mãe", de ser protagonista de tais comemorações, honrando o "seu" Dante.[2] Já na carta ao arcebispo de Ravena, Dom Pasqual Morganti, com a qual aprovara

---

[1] BENTO XV. Carta Encíclica *In praeclara summorum,* 30 de abril de 1921: *AAS* 13 (1921), 209-217.

[2] Ibidem, *AAS* c. 210.

o programa das celebrações do centenário, Bento XV motivou a sua adesão da seguinte forma:

> Além disso (e isso é mais importante), há uma razão particular para considerarmos que se deve celebrar o seu fausto aniversário com grata memória e grande participação do povo, ou seja, o fato de que Alighieri é nosso. [...] Com efeito, quem poderá negar que o nosso Dante tenha alimentado e fortalecido a chama do engenho e a virtude poética inspirando-se na fé católica, a ponto de cantar em um poema quase divino os mistérios sublimes da religião?[3]

Em um momento histórico marcado por sentimentos de hostilidade à Igreja, o pontífice reiterou, na citada Encíclica, a pertença do poeta à Igreja: "a união íntima de Dante com esta Cátedra de Pedro"; e foi mais além, afirmando que a sua obra, apesar de ser expressão da "prodigiosa vastidão e agudeza de sua engenhosidade", recebeu "um poderoso impulso de inspiração" precisamente da fé cristã. Por isso, continuava Bento XV: "nele não devemos admirar apenas a altura sublime da engenhosidade, mas também a vastidão do tema que a religião divina ofereceu ao seu

---

[3] BENTO XV. Epístola *Nobis, ad Catholicam,* 28 de outubro de 1914: *AAS* 6 (1914), 540.

canto". E tecia o seu elogio, respondendo indiretamente aos que negavam ou criticavam a matriz religiosa da sua obra: "Respira-se em Alighieri a mesma piedade que há em nós; a sua fé tem os mesmos sentimentos. [...] O motivo principal de elogio nele é este: ser um poeta cristão e ter cantado com acentuações quase divinas os ideais cristãos dos quais contemplava, com toda a alma, a beleza e o esplendor". E o pontífice prosseguia: a obra de Dante é um exemplo eloquente e válido para "demonstrar quão falso é o argumento de que a obediência da mente e do coração a Deus corta as asas da engenhosidade; mas que, na verdade, estimula-o e eleva-o". Por isso, defendia ainda o papa: "os ensinamentos que Dante nos deixou em todas as suas obras, mas sobretudo no seu triplo poema", podem servir "como guia validíssimo para os homens do nosso tempo", e de modo particular para alunos e estudiosos, já que ele, "ao compor o seu poema, não teve outro objetivo senão levantar os mortais do estado de miséria, isto é, do pecado e conduzi-los ao estado de beatitude, da graça divina".

Passando a São Paulo VI, as suas várias intervenções estão relacionadas com o VII centenário do nascimento, celebrado em 1965. No dia 19 de setembro, ofereceu uma cruz dourada para embelezar a Capela de Ravena, que guarda o túmulo de Dante, até então desprovida de "tal sinal de religião e esperança".[4] Em 14 de novembro, enviou a Florença uma coroa áurea de louros para ser encastoada no batistério de São João. Por fim, na conclusão dos trabalhos do Concílio Ecumênico Vaticano II, quis doar aos padres conciliares uma edição artística da *Divina Comédia*. Mas sobretudo honrou a memória do insigne poeta com a Carta Apostólica *Altissimi cantus*,[5] na qual reiterava a forte ligação entre a Igreja e Dante Alighieri:

> Se alguém quisesse perguntar por que motivo a Igreja Católica, por vontade do seu Chefe visível, queira cultivar a memória e celebrar a glória do poeta florentino, é fácil a nossa resposta: porque, por um direito particular, Dante é nosso! Nosso, queremos dizer, da fé católica, porque tudo nele respira amor a Cristo; nosso, porque muito amou a Igreja, cujas glórias ele cantou; e nosso, porque no romano pontífice reconheceu e venerou o Vigário de Cristo.

Mas tal direito, continuava o papa, longe de autorizar atitudes triunfalistas, constitui um compromisso:

---

[4] SÃO PAULO VI. Discurso ao Sacro Colégio e à Prelatura Romana, 23 de dezembro de 1965: *AAS* 58 (1966), 80.

[5] Cf. *AAS* 58 (1966), 22-37.

Dante é nosso: podemos justamente repeti-lo. E afirma-mo-lo, não para fazer dele um almejado troféu de glória egoísta, mas antes para nos lembrar a nós próprios o dever de o reconhecer como tal e explorar, na sua obra, os tesouros inestimáveis do pensamento e sentimento cristãos, convencidos como estamos de que só quem penetra na alma religiosa do insigne poeta pode compreender profundamente e saborear as suas maravilhosas riquezas espirituais.

E este compromisso não dispensa a Igreja de acolher também as palavras de crítica profética pronunciadas pelo poeta contra quem devia anunciar o Evangelho e representar, não a si mesmo, mas a Cristo: "Nem me custa recordar que a voz de Dante se ergueu, pungente e severa, contra mais de um romano pontífice, e teve amargas reprimendas para instituições eclesiásticas e pessoas que foram ministros e representantes da Igreja"; contudo, é claro que "tais atitudes inexoráveis nunca abalaram a sua fé católica firme, nem o seu afeto filial à santa Igreja".

Depois, São Paulo VI ilustrava as caraterísticas que fazem do poema de Dante uma fonte de riqueza espiritual ao alcance de todos: "O poema de Dante é universal: na sua amplitude imensa, abraça céu e terra, eternidade e tempo, os mistérios de Deus e as vicissitudes dos homens, a doutrina sagrada e a que deriva da luz da razão, os dados da experiência pessoal e as memórias da história". Mas sobretudo especificava a finalidade intrínseca da obra de Dante, particularmente da *Divina Comédia* (finalidade essa nem sempre claramente apreciada e avaliada):

> O objetivo da *Divina Comédia* é primariamente prático e transformador. Não se propõe apenas ser poeticamente bela e moralmente boa, mas capaz de mudar radicalmente o homem e levá-lo da desordem à sabedoria, do pecado à santidade, da miséria à felicidade, da visão terrificante do inferno à contemplação beatificante do paraíso.

Em um momento histórico e denso de tensões entre os povos, o papa levava consigo o ideal da paz e encontrava na obra do poeta uma reflexão preciosa para a promover e suscitar:

> Esta paz dos indivíduos, das famílias, das nações, da sociedade humana, paz interna e externa, paz individual e pública, tranquilidade da ordem, é perturbada e abalada, porque são negligenciadas a piedade e a justiça. E, para restaurar a ordem e a salvação, são chamadas a trabalhar em harmonia a fé e a razão, Beatriz e Virgílio, a Cruz e a Águia, a Igreja e o Império.

Nessa linha, São Paulo VI assim definia a obra poética na perspectiva da paz: "A *Divina Comédia* é poema da paz: lúgubre canto da paz perdida para sempre é o *Inferno*, suave canto da paz esperada é o *Purgatório*, epinício triunfal de paz eterna e plenamente possuída é o *Paraíso*".

Nesta perspectiva, continuava o pontífice, a *Divina Comédia* "é o poema da melhoria social na conquista de uma liberdade, que está isenta da escravidão do mal e nos leva a encontrar e amar a Deus (...) professando um humanismo, cujas qualidades julgamos ter ficado bem esclarecidas". E São Paulo VI reiterava, uma vez mais, quais eram as qualidades do humanismo de Dante: "Em Dante, todos os valores humanos (intelectuais, morais, afetivos, culturais, civis) são reconhecidos, exaltados; e é muito importante notar que este apreço e honra se verificam enquanto ele mergulha no divino, quando a contemplação teria podido anular os elementos terrenos". Daí, afirmava o papa, nasce – e justamente – o apelativo de Sumo Poeta e o atributo de *Divina* dado à *Comédia*, bem como a proclamação de Dante como "senhor do altíssimo canto", no *incipit* da própria Carta Apostólica.

Além disso, avaliando as qualidades artísticas e literárias extraordinárias de Dante, São Paulo VI reiterava um princípio por ele afirmado muitas outras vezes:

A teologia e a filosofia têm com a beleza ainda outra relação, e é esta: a beleza, ao emprestar à doutrina o seu vestido e ornamento, com a suavidade do canto e a visibilidade da arte figurativa e plástica, abre a estrada para os seus preciosos ensinamentos chegarem a muitos. As pesquisas profundas, os raciocínios sutis são inacessíveis aos humildes, que são uma multidão, e famintos também eles do pão da verdade. Entretanto, estes percebem, sentem e apreciam o influxo da beleza e, por este veículo, brilha mais facilmente para eles a verdade e nutre-os. Bem o compreendeu e realizou o senhor do altíssimo canto, cuja beleza se tornou serva da bondade e da verdade, e a bondade matéria da beleza.

Por fim, citando a *Divina Comédia*, São Paulo VI exortava a todos: "Honrai todos o altíssimo poeta!" (*Inf.* IV, 80).

De São João Paulo II, que repetidamente citou nos seus discursos as obras do insigne poeta, quero lembrar apenas a intervenção de 30 de maio de 1985, na inauguração da Exposição *Dante no Vaticano*. Assim como São Paulo VI, também ele destacou a sua genialidade artística: a obra de Dante é interpretada como "uma realidade visualizada, que fala da vida do além-túmulo e do mistério de Deus com a força própria do pensamento teológico, transfigurado pelo esplendor da arte e da poesia, simultaneamente conjuntas". Depois, o pontífice deteve-se a examinar um termo-chave da obra de Dante:

> "*transumanar*", ultrapassar o humano. Foi este o esforço supremo de Dante: fazer que o peso do humano não destruísse o divino que existe em nós, nem a grandeza do divino anulasse o valor do humano. Por esta razão, o poeta leu justamente a própria vicissitude pessoal e a da inteira humanidade em chave teológica.

Bento XVI falou frequentemente do itinerário de Dante, tirando das suas obras tópicos de reflexão e meditação. Por exemplo, ao apresentar a sua primeira Encíclica – *Deus Caritas est* –, partiu precisamente da visão de Deus na perspectiva de Dante e na qual "luz e amor são uma coisa só", para propor novamente uma sua reflexão sobre a novidade da obra de Dante:

> O olhar de Dante vislumbra uma coisa totalmente nova (…). A Luz eterna se apresenta em três círculos aos quais se dirige com estes versos densos que conhecemos: "Lume eterno, que a sede em ti só tendo, / Só entendes, de ti sendo entendido, / E te amas e sorris só te entendendo!" (*Par.* XXXIII, 124-126). Na realidade, ainda mais impressionante que esta revelação de Deus

como círculo trinitário de conhecimento e amor é a percepção de um rosto humano – o rosto de Jesus Cristo – que aparece a Dante no círculo central da Luz. (…) Este Deus tem um rosto humano e – podemos acrescentar – um coração humano.[6]

O papa destacou a originalidade da visão de Dante na qual se comunica poeticamente a novidade da experiência cristã, decorrente do mistério da Encarnação: "A novidade de um amor que impeliu Deus a assumir um rosto humano; mais, a assumir carne e sangue, o ser humano inteiro".[7] Por minha vez, em minha primeira Encíclica,[8] fiz referência a Dante para expressar a *luz da fé*, citando um verso do *Paraíso* onde ela é descrita como "esta fagulha bela, / que depois se dilata em flama ardente / E em mim cintila, qual nos céus estrela" (*Par.* XXIV, 145-147). Pelos 750 anos do nascimento do poeta, quis honrar a sua memória com uma mensagem, almejando que "a figura de Alighieri e a sua obra sejam novamente compreendidas e valorizadas"; e propunha que se lesse a *Divina Comédia* como "um grande

---

[6] BENTO XVI. Discurso aos participantes no encontro promovido pelo Pontifício Conselho *Cor Unum*, 23 de janeiro de 2006: *Insegnamenti* 2006, II/1, 92-93.

[7] Ibidem, 93.

[8] FRANCISCO. Carta Encíclica *Lumen Fidei*, a luz da fé. (Documentos pontifícios, 16.) Brasília: Edições CNBB, 2013.

itinerário, aliás como uma verdadeira peregrinação, tanto pessoal e interior, como comunitária, eclesial, social e histórica"; com efeito, "ela representa o paradigma de cada viagem autêntica para a qual a humanidade está chamada a abandonar a terra que Dante define 'a terra que nos faz tão ferozes' (*Par.* XXII, 151), para chegar a uma nova condição, marcada pela harmonia, a paz, a felicidade".[9] Por isso, apresentei a figura do insigne poeta aos nossos contemporâneos, propondo-o como "profeta de esperança, anunciador da possibilidade de resgate, da libertação, da mudança profunda de cada homem e mulher, de toda a humanidade".[10]

Por fim, no dia 10 de outubro de 2020, ao receber a Delegação da Arquidiocese de Ravena por ocasião da abertura do Ano de Dante e anunciar este Documento, sublinhei como a obra de Dante pode ainda hoje enriquecer a mente e o coração de muitos, sobretudo os jovens, que, aproximando-se da sua poesia "em uma forma acessível a eles, constatam, por um lado, inevitavelmente toda a distância do autor e do seu mundo; mas, por outro, captam uma ressonância surpreendente".[11]

---

[9] FRANCISCO. Mensagem ao Presidente do Pontifício Conselho para a Cultura, 4 de maio de 2015: *AAS* 107 (2015), 551-552.

[10] Ibidem, 552.

[11] *L'Osservatore Romano*, 10 de outubro de 2020, 7.

Capítulo 2

A VIDA DE DANTE ALIGHIERI, PARADIGMA DA CONDIÇÃO HUMANA

Com esta Carta Apostólica, desejo também eu me aproximar da vida e obra do ilustre poeta, para captar precisamente esta ressonância, manifestando tanto a atualidade como a sua perenidade, e recolher aquelas advertências e reflexões que ainda hoje são essenciais não apenas para os que creem, mas para toda a humanidade. De fato, a obra de Dante é parte integrante da nossa cultura, remete-nos para as raízes cristãs da Europa e do Ocidente, representa o patrimônio de ideais e valores que também hoje a Igreja e a sociedade civil propõem como base da convivência humana, na qual podemos e devemos nos reconhecer como irmãos.

Sem me aprofundar na complexa história pessoal, política e judiciária de Alighieri, gostaria de lembrar apenas alguns momentos e fatos da sua existência, pelos quais ele aparece extraordinariamente próximo de muitos dos nossos contemporâneos e que são essenciais para compreender a sua obra.

À cidade de Florença – onde nasceu em 1265 e se casou com Gema Donati, gerando três filhos – esteve primeiramente ligado por um forte sentimento de pertença, o qual, por causa de divergências políticas, com o tempo se transformou em aberto contraste. Contudo, nunca morreu nele o desejo de para lá regressar, não só pelo afeto que, não obstante, continuou nutrindo pela sua cidade, mas sobretudo para ser coroado poeta lá onde recebera o Batismo e a fé (cf. *Par.* XXV, 1-9). No cabeçalho de algumas das suas *Cartas* (III, V, VI e VII), Dante define-se como *"florentinus et exul inmeritus"* (florentino imerecido no exílio), enquanto na *Carta XIII*, dirigida a Cangrande della Scala, especifica: *"florentinus natione non moribus"* (florentino de nascimento, não de costumes). Guelfo da facção branca, vê-se envolvido no conflito entre guelfos e gibelinos, entre guelfos brancos e negros, e depois de ter ocupado cargos públicos cada vez mais importantes até se tornar prior. Em 1302, é exilado, devido às vicissitudes políticas adversas, por dois anos, banido dos cargos públicos e condenado ao pagamento de uma multa. Dante rejeita a sentença, em sua opinião injusta, e o julgamento contra ele se torna ainda mais severo: exílio perpétuo, confisco dos bens e pena de morte em caso de regresso à terra natal. Assim começa a dolorosa história de Dante, que tenta, em vão, regressar à sua amada Florença, pela qual lutara com paixão.

Torna-se, assim, o exilado, o "peregrino pensativo", combalido em uma condição de "penosa pobreza" (*Convívio*, I, III, 5) que o impele a procurar refúgio e proteção junto de alguns suseranos locais, entre os quais os Scaligeri de Verona e os Malaspina na Lunigiana. Nas palavras de Cacciaguida, antepassado do poeta, intuem-se a amargura e o desconforto desta nova condição: "Deixarás toda a coisa a mais querida, / Chaga primeira de tormentos cheia, / Do desterro pelo arco produzida. / Sentirás quanto amarga; quanto anseia / O sal de estranho pão; que é dura estrada / Subir, descer degraus da escada alheia" (*Par.* XVII, 55-60).

Depois, não aceitando as condições humilhantes da anistia que lhe teria permitido o regresso a Florença, em 1315, foi de novo condenado à morte, desta vez, juntamente com os seus filhos adolescentes. A última etapa do seu exílio foi Ravena, onde foi acolhido por Guido Novello da Polenta, e lá faleceu – regressando de uma missão a Veneza – aos 56 anos, na noite de 13 para 14 de setembro de 1321. A sua sepultura, em um sarcófago em São Pedro Maior, atrás do muro externo do antigo claustro franciscano, foi posteriormente transferida para a adjacente capela do século XVIII, onde, em 1865, depois de muitas adversidades, foram colocados os seus restos mortais. O lugar é ainda hoje meta de inúmeros visitantes e admiradores do insigne poeta, pai da língua e literatura italianas.

No exílio, o amor à sua cidade – traído pelos "celerados florentinos" (*Epist*. VI, 1) – transformou-se em triste saudade. A profunda desilusão pela queda dos seus ideais políticos e civis, juntamente com a penosa peregrinação de uma cidade para outra à procura de refúgio e apoio não são alheias à sua obra literária e poética; pelo contrário, constituem a sua raiz essencial e sua motivação de fundo. Quando Dante descreve os peregrinos que se colocam a caminho para visitar os lugares sagrados, de certo modo descreve a sua condição existencial e manifesta os seus sentimentos mais íntimos: "Ó, peregrinos que partis pensativos..." (*Vita Nova*, 29 [XL (XLI), 9], v. 1). O tema reaparece, por exemplo, nestes versos do *Purgatório*: "Peregrinos solícitos que atentam / Só na jornada, achando estranha gente, / Voltam-se apenas, mas o passo alentam" (XXIII, 16-18). A pungente melancolia de Dante peregrino e exilado percebe-se também nos famosos versos do canto VIII do *Purgatório*: "Era o tempo, em que mais saudade sente / Do navegante o coração no dia / Do adeus a amigos, que relembra ausente" (VIII, 1-3).

Dante, refletindo profundamente sobre a sua situação pessoal de exílio, incerteza radical, fragilidade, mudança contínua, transforma-a, sublimando-a em um paradigma da condição humana, que se apresenta como um caminho – mais interior que exterior – sem parada alguma enquanto não atingir a meta. Deparamo-nos, assim, com dois temas fundamentais de toda a obra de Dante: o ponto de partida de todo o itinerário existencial, o desejo, presente no ânimo humano, e o ponto de chegada, a felicidade, dada pela visão do amor que é Deus.

O insigne poeta, embora passando por experiências dramáticas, tristes e angustiantes, nunca se resigna, não sucumbe, nem aceita suprimir a ânsia de plenitude e felicidade que está em seu coração, e muito menos se contenta a ceder à injustiça, à hipocrisia, à arrogância do poder, ao egoísmo que faz do nosso mundo "a terra que nos faz tão ferozes" (*Par.* XXII, 151).

CAPÍTULO 3

A MISSÃO DO POETA, PROFETA DE ESPERANÇA

Desse modo, relendo a sua vida, sobretudo à luz da fé, Dante descobre também a vocação e a missão que lhe foram confiadas, de modo que, paradoxalmente, de homem aparentemente fracassado e desiludido, pecador e desanimado, transforma-se em profeta de esperança. Na *Carta a Cangrande della Scala*, com extraordinária nitidez, deixa claro o objetivo da sua obra, que se concretiza e explicita, já não mediante ações políticas ou militares, mas graças à poesia, à arte da palavra que, dirigida a todos, tudo pode mudar: "É preciso dizer brevemente que a finalidade do todo e da parte é tirar os viventes nesta existência de um estado de miséria e conduzi-los a um estado de felicidade" (XIII, 39 [15]). Esta finalidade desencadeia um caminho de libertação de todas as formas de miséria e degradação humanas (a "selva escura") e, ao mesmo tempo, aponta para a meta derradeira: a felicidade, entendida quer como plenitude de vida na história, quer como bem-aventurança eterna em Deus.

Dessa dupla finalidade, deste audacioso programa de vida, Dante é mensageiro, profeta e testemunha, confirmado em sua missão por Beatriz: "Do mundo em prol, perdido em rota errada, / O carro observa e cada coisa atento / Guarda, por ser ao mundo registrada" (*Purg.* XXXII, 103-105). Também o seu antepassado Cacciaguida o exorta a não desfalecer em sua missão. Ao poeta, que recorda brevemente o seu caminho nos três reinos do Além e assinala a dificuldade de comunicar as verdades que doem e incomodam, o ilustre antepassado responde: "(…) A consciência vacilante / Por próprios atos ou vergonha alheia / Teu falar haverá por cruciante / Mas deves repelir mentira feia; / toda a tua visão faz manifesta, / Coce-se a pele, que é de lepra cheia" (*Par.* XVII, 124-129).

Um idêntico incitamento a viver com coragem a sua missão profética é dirigido a Dante, no *Paraíso*, por São Pedro, quando o apóstolo, depois de uma tremenda incitação contra Bonifácio VIII, se dirige ao poeta desta forma: "E tu, que o peso da matéria grava, / Voltando, ó filho, ao mundo lhe revela / Quanto eu te digo dessa gente prava" (*Par.* XXVII, 64-66).

Assim, na missão profética de Dante, inserem-se também a denúncia e a crítica contra os crentes, tanto pontífices como simples fiéis, que traem a adesão a Cristo e transformam a Igreja em um instrumento em prol dos próprios interesses, esquecendo o espírito das bem-aventuranças e a caridade para com os pequenos e os pobres, e idolatrando o poder e a riqueza: "Pois quanto a Igreja poupa é da pobreza, / Que de Deus por amor seu pão mendiga, / Não pra cevo a parentes, ou a torpeza" (*Par.* XXII, 82-84). Mas, através das palavras de São Pedro Damião, São Bento e São Pedro, o poeta, ao mesmo tempo que denuncia a corrupção de alguns setores da Igreja, faz-se porta-voz de uma renovação profunda e invoca a Providência para que a favoreça e a torne possível: "Mas Deus que a Roma, do seu mal no excesso, / De mundo em glória os Cipiões mandava, / Dará socorro, como foi-me expresso" (*Par.* XXVII, 61-63).

E, assim, Dante, exilado, peregrino, frágil, mas agora forte pela profunda e íntima experiência que o transformou, renascido graças à visão que, das profundezas dos infernos, da mais degradada condição humana, o elevou à própria visão de Deus, se ergue, então, a mensageiro de uma nova existência, a profeta de uma nova humanidade que anseia pela paz e a felicidade.

Capítulo 4

DANTE, CANTOR DO
DESEJO HUMANO

Dante é capaz de ler o coração humano em profundidade; e em todos, mesmo nas figuras mais desprezíveis e maltratadas, consegue vislumbrar uma centelha de desejo de alcançar alguma felicidade, uma plenitude de vida. Detém-se a escutar as almas que encontra, dialoga com elas, interpela-as para se adentrar e participar de seus tormentos ou de sua beatitude. Assim, partindo da sua condição pessoal, o poeta faz-se intérprete do desejo que todo o ser humano tem de continuar o caminho, enquanto não chegar ao destino final, não encontrar a verdade, a resposta aos porquês da existência, enquanto o coração – como já afirmava Santo Agostinho[1] – não encontrar repouso e paz em Deus.

No *Convívio*, analisa precisamente o dinamismo do desejo:

> O desejo supremo de todas as coisas, conferido de início pela natureza, é retornar ao seu princípio. E como

---

[1] Ver: *Confissões*, I, 1, 1: *PL* 32, 661.

Deus é princípio das nossas almas, [...] a alma deseja intensamente retornar a ele. E como um peregrino, que segue um caminho nunca antes percorrido por ele – quando avista de longe uma casa espera que seja a hospedaria, acabando depois por verificar que não o é, então deposita a sua esperança em outra e assim, de casa em casa, até encontrar finalmente a hospedaria –, a nossa alma, ansiosa por ter entrado no novo e nunca percorrido caminho desta vida, dirige o olhar para a meta do seu bem supremo, acreditando encontrá-lo em tudo o que vê e lhe parece ter em si algum bem (IV, XII, 14-15).

O itinerário de Dante, ilustrado sobretudo na *Divina Comédia*, é verdadeiramente o caminho do desejo, da necessidade profunda e interior de mudar a própria vida, para poder alcançar a felicidade e, assim, mostrar a estrada a quem se encontra, como ele, em uma "selva escura" e perdeu "a direita via". Além disso, é significativo o fato de que, desde a primeira etapa deste percurso, o seu guia – o grande poeta latino Virgílio – lhe tenha indicado a meta que deveria alcançar, incitando-o a não ceder ao medo ou ao cansaço: "Mas por que tornas da tristeza ao meio? / Por que não vais ao deleitoso monte, / que o prazer todo encerra no seu seio?" (*Inf.* I, 76-78).

Capítulo 5

POETA DA MISERICÓRDIA DE DEUS E DA LIBERDADE HUMANA

Trata-se de um caminho que não é ilusório nem utópico, mas realista e possível, no qual todos podem entrar, porque a misericórdia de Deus oferece sempre a possibilidade de mudar, converter-se, encontrar a si mesmo e encontrar a via para a felicidade. A propósito, são significativos alguns episódios e personagens da *Divina Comédia* que mostram como tal via não está fechada para ninguém na terra; exemplo disso é o imperador Trajano, pagão, mas colocado no *Paraíso*. Dante justifica esta presença assim: "Dos céus o reino sofre uma violência / Do ardente amor e da esperança viva, / Que triunfam da própria Onipotência. / Mas não é, qual vitória humana, esquiva: / Vencido é Deus por ser assim servido; / Tem, vencido, vitória decisiva" (*Par.* XX, 94-99). O gesto de caridade de Trajano para com uma "viúva" (*Par.* XX, 45) ou a "tênue lágrima" de arrependimento derramada à hora da morte pelo Buonconte de Montefeltro (*Purg.* V, 107) não só mostram a infinita misericórdia de Deus, mas confirmam também que o ser humano pode sempre, com a sua liberdade, escolher qual caminho seguir e qual sorte merecer.

Sob esta luz, é significativo o rei Manfredo, colocado por Dante no Purgatório e que assim recorda o seu fim e a sentença divina: "Depois que foi o corpo meu ferido / De golpes dois mortais, a Deus piedoso / Alma entreguei, chorando arrependido. / Fui de horrendos pecados criminoso, / mas a Bondade Infinita acolhe e abraça / Quem perdão lhe suplica pesaroso" (*Purg.* III, 118-123). Parece quase vislumbrar-se a figura do pai da parábola evangélica, com os braços abertos pronto para acolher o filho pródigo que volta para ele (Lc 15,11-32).

Dante faz-se paladino da dignidade de todo o ser humano e da liberdade como condição fundamental tanto das opções de vida como da própria fé. O destino eterno do homem – sugere Dante ao narrar-nos as histórias de tantas personagens, ilustres ou pouco conhecidas – depende das suas escolhas, da sua liberdade: os próprios gestos diários, aparentemente insignificantes, têm um alcance que se estende para além do tempo, são projetados na dimensão eterna. O maior dom de Deus ao homem, para que possa alcançar a meta última, é precisamente a liberdade, como afirma Beatriz: "O maior bem que ao universo Deus doara, / O que indicara mais sua bondade / O que em preço mais alto avaliara, / Foi do querer, por certo, a liberdade" (*Par.* V, 19-22). Não são afirmações retóricas e vagas, visto que advêm da existência de quem conhece o preço da liberdade: "A liberdade anela, que é tão cara: / Sabe-o bem quem por ela a vida expele" (*Purg.* I, 71-72).

Mas a liberdade não é fim em si mesma, lembra-nos Alighieri; é condição para subir continuamente. E o percurso nos três reinos nos revela plasticamente esta subida até tocar o céu, alcançar a plena felicidade. O "alto desejo" (*Par.* XXII, 61), suscitado pela liberdade, não pode extinguir-se senão em presença da meta, na visão última e na bem-aventurança: "E dos desejos eu, que à mor altura / Suba, o ardor cessar, como devia, / Senti, me apropinquando da ventura" (*Par.* XXXIII, 46-48). Depois, o desejo faz-se também oração, súplica, intercessão, canto que acompanha e assinala o itinerário de Dante, assim como a oração litúrgica marca o ritmo das horas e dos momentos do dia. A paráfrase do *Pai-Nosso*, que o poeta propõe (*Purg.* XI, 1-21), entrelaça o texto do Evangelho com a experiência pessoal, com as suas dificuldades e sofrimentos: "Do reino vosso a paz venha ditosa! / Que vão de havê-la o empenho nos seria, (…). A substância nos dai cotidiana / Hoje: sem ela em áspero deserto / Se atrasa quem por ir além se afana!" (7-8.13-15). A liberdade de quem acredita em Deus como Pai misericordioso não pode senão confiar-se a ele na oração, não sendo por isso minimamente lesada, mas antes reforçada.

CAPÍTULO 6

A IMAGEM DO HOMEM
NA VISÃO DE DEUS

No itinerário da *Divina Comédia*, como já subli-nhava o Papa Bento XVI, o caminho da liberdade e do desejo não traz consigo – como porventura se poderia imaginar – uma redução do humano à sua realidade concreta, não aliena a pessoa de si mesma, não anula nem negligencia o que constituiu a sua existência histó-rica. Com efeito, mesmo no *Paraíso*, Dante representa os bem-aventurados – os "brancos véus" (*Par.* XXX, 129) – no seu aspeto corpóreo, evoca os seus afetos e emoções, os seus olhares e gestos, em resumo, mos-tra-nos a humanidade na sua perfeição completa de alma e corpo, prefigurando a ressurreição da carne. São Bernardo, que acompanha Dante no último trecho do caminho, mostra ao poeta as crianças presentes na rosa dos bem-aventurados e convida-o a observá-las e ouvi-las: "Bem à luz da evidência te declaram / Pela voz infantil e pelo gesto: / Olha, escuta, e tuas dúvidas se aclaram" (*Par.* XXXII, 46-48). É comovente ver como esta manifestação dos bem-aventurados na sua luminosa humanidade integral é motivada não só por sentimentos de afeto pelos seus entes queridos, mas sobretudo pelo desejo explícito de voltar a ver os seus corpos, suas feições terrenas: "Quantos os trajos carnais são descjados. / Não por si sós os cobiçaram, / Mas por amor dos pais, de entes queridos, / Antes que ternas flamas se tornaram" (*Par.* XIV, 63-66).

E, finalmente, no centro da visão última, no encontro com o Mistério da Santíssima Trindade, Dante vislumbra precisamente um rosto humano, o de Cristo, da Palavra eterna feita carne no seio de Maria: "Na substância profunda e clara eu via / Da excelsa Luz três círculos discernidos / Por cores três, de igual periferia, [...]. O girar, que, dessa arte concebido / Via em ti como flama refletida, / Quanto foi dos meus olhos abrangido, / No scio da própria cor tingida / A própria efígie humana oferecia" (*Par.* XXXIII 115-117.127-131).

Só na visão de Deus se aplaca o desejo do homem e termina todo o seu laborioso caminho: "Se clareado a mente não me houvesse / Fulgor, que a posse da verdade aplana. / À fantasia aqui valor fenece" (*Par.* XXXIII, 140-142).

O mistério da Encarnação, que hoje celebramos, é o verdadeiro centro inspirador e o núcleo essencial de todo o poema. Nele se realiza o que os Padres da Igreja chamavam "divinização", *admirabile commercium* – o prodigioso intercâmbio, pelo qual, ao mesmo tempo que Deus entra na nossa história se fazendo carne, o ser humano, com a sua carne, pode entrar na realidade divina, simbolizada pela rosa dos bem-aventurados. A humanidade, na sua realidade concreta, com os gestos e as palavras diárias, com a sua inteligência e seus afetos, com o corpo e as emoções, é assumida em Deus, no qual encontra a verdadeira felicidade e a realização plena e última, meta de todo o seu caminho. Dante havia desejado e previsto esta meta no início do *Paraíso*: "Com mais razão desejo em nós se acende / De ver aquela essência, que é patente / Como a nossa natura a Deus se prende. / Ali o que por fé se crê somente / Sem provas por si mesmo será noto, / Como a verdade prima o que o homem assente" (*Par.* II, 40-45).

CAPÍTULO 7

AS TRÊS MULHERES DA *DIVINA COMÉDIA*: MARIA, BEATRIZ, LUZIA

Cantando o mistério da Encarnação, fonte de salvação e alegria para toda a humanidade, Dante não pode deixar de cantar os louvores de Maria, a Virgem Mãe que, com o seu "sim", com a sua aceitação plena e total do projeto de Deus, torna possível que o Verbo se faça carne. Na obra de Dante, encontramos um extraordinário tratado de mariologia: com ênfases líricas sublimes, particularmente na oração pronunciada por São Bernardo, sintetiza toda a reflexão teológica sobre Maria e a sua participação no mistério de Deus: "Virgem Mãe, por teu filho procriada, / Humilde e superior à criatura, / Por conselho eternal predestinada! / Por ti se enobreceu tanto a natura / Humana, que o Senhor não desdenhou-se / De se fazer de quem criou, feitura" (*Par.* XXXIII, 1-6). O oximoro inicial e a sucessão de termos antitéticos destacam a originalidade da figura de Maria, a sua beleza singular.

São Bernardo, mostrando os bem-aventurados colocados na rosa mística, convida Dante a contemplar Maria, que deu as feições humanas ao Verbo Encarnado: "Ora atento na face, que à de Cristo / Mais se assemelha; a sua luz tão pura / Só te pode dispor a veres Cristo" (*Par.* XXXII, 85-87). O mistério da Encarnação é de novo evocado pela presença do arcanjo Gabriel. Dante pergunta a São Bernardo: "Diz-me que anjo com tal contentamento / Da soberana a fronte olha divina, / No amor mostra do fogo o encendimento" (*Par.* XXXII, 103-105). E o santo responde: "Foi ele o que à bendita Soberana / Levou a palma, o filho de Deus quando / Quis assumir a nossa carga insana" (*Par.* XXXII, 112-114). A referência a Maria é constante em toda a *Divina Comédia*. Ao longo do percurso no Purgatório, é o modelo das virtudes que se opõem aos vícios; é a estrela da manhã que ajuda a sair da selva escura para se encaminhar rumo ao monte de Deus; é a presença constante, através da sua invocação ("Da bela flor o doce nome ouvindo / que noite e dia invoco sempre (…)" [*Par.* XXIII, 88-89]), que prepara para o encontro com Cristo e com o mistério de Deus.

Dante, que nunca está sozinho no seu caminho, mas se deixa guiar primeiro por Virgílio, símbolo da razão humana, e depois por Beatriz e São Bernardo, agora, graças à intercessão de Maria, pode chegar à pátria e gozar a alegria plena desejada em cada momento da existência: "(…) no meu coração quase destila / Doçura que em seu êxtase começa" (*Par.* XXXIII, 62-63). Não nos salvamos sozinhos (parece repetir-nos o poeta, consciente da sua insuficiência): "Por moto-próprio aqui não venho" (*Inf.* X, 61); é necessário que o caminho seja empreendido em companhia de quem nos possa apoiar e guiar com sabedoria e prudência.

Nesse contexto, é significativa a presença feminina. No início do árduo itinerário, Virgílio – o primeiro guia – conforta e encoraja Dante a prosseguir, porque três mulheres intercedem por ele e o guiarão: Maria, a Mãe de Deus, figura da caridade; Beatriz, símbolo de esperança; Santa Luzia, imagem da fé. Com palavras comoventes, assim se apresenta Beatriz: "Sou Beatriz, que envia-te ao que digo, / De lugar venho a que voltar desejo: / Amor conduz-me e faz-me instar contigo" (*Inf.* II, 70-72), afirmando que a única fonte que nos pode dar a salvação é o amor, o amor divino que transfigura o amor humano. Depois Beatriz remete para a intercessão de outra mulher, a Virgem Maria: "Nobre dama há no céu, que compadece / O mal, a que te envio; e tanto implora, / Que lá decreto austero se enternece" (*Inf.* II, 94-96). Depois intervém Luzia, que se dirige a Beatriz: "De Deus vero louvor! – diz-me apressada – / Por que não socorrer quem te amou tanto, / Que só por ti deixou do vulgo a estrada?" (*Inf.* II, 103-105). Dante reconhece que somente quem é movido pelo amor pode verdadeiramente nos apoiar no caminho e levar-nos à salvação, ao renovamento da vida e, consequentemente, à felicidade.

CAPÍTULO 8

FRANCISCO,
ESPOSO DA SENHORA POBREZA

Na cândida rosa dos bem-aventurados, em cujo centro brilha a figura de Maria, Dante coloca também numerosos santos, cuja vida e missão esboça, para os propor como figuras que, na realidade concreta da sua existência e mesmo através de numerosas provações, alcançaram a finalidade da sua vida e da sua vocação. Mencionarei brevemente apenas a figura de São Francisco de Assis, ilustrada no canto XI do *Paraíso*, onde se fala dos espíritos sapientes.

Existe uma profunda sintonia entre São Francisco e Dante: o primeiro, juntamente com os seus companheiros, saiu do convento e foi para o meio do povo, pelas estradas de aldeias e cidades, pregando para o povo, parando nas casas; o segundo fez a escolha, então incompreensível, de usar no grande poema do Além a linguagem de todos e povoando a sua narração com personagens conhecidos e menos conhecidos, mas completamente iguais em dignidade aos poderosos da terra. Outro traço une os dois personagens: a abertura à beleza e ao valor do mundo das criaturas, espelho e "vestígio" do seu Criador. Como não reconhecer nestes versos da paráfrase de Dante ao *Pai-Nosso* – "Vosso nome e poder seja louvado! Graças à criatura jubilosa / Ao saber vosso renda sublimado!" (*Purg.* XI, 4-5) – uma referência ao *Cântico das criaturas* de São Francisco?

No canto XI do *Paraíso*, essa consonância aparece com um novo aspecto, que os torna ainda mais semelhantes. A santidade e a sabedoria de Francisco sobressaem precisamente porque Dante, olhando do céu a nossa terra, vislumbra a mesquinhez de quem confia nos bens terrenos: "Ó dos mortais aspirações erradas! / Em que falsas razões vos enlevando / Tendes à terra as asas cativadas!" (*Par.* XI, 1-3). Toda a história ou, melhor, a "vida admirável" do santo se fundamenta na sua relação privilegiada com a senhora Pobreza: "Para fazer minha linguagem clara, / Em suma, o nome sabe dos amantes: / Com pobreza Francisco se casara" (*Par.* XI, 73-75). No canto de São Francisco, recordam-se os momentos salientes da sua vida, as suas provações e, por fim, o acontecimento no qual a sua configuração a Cristo, pobre e crucificado, encontra a sua extrema e divina confirmação na marca dos estigmas: "Vendo rebelde o povo à nova crença. / Por não ficar seu zelo sem proveito / Da Itália volta para a messe extensa. / Na dura penha, que se interpõe ao leito / Do Tibre e do Arno, o derradeiro selo / Cristo lhe pôs: dois anos dura o efeito" (*Par.* XI, 103-108).

CAPÍTULO 9

ACOLHER O TESTEMUNHO DE DANTE ALIGHIERI

No final deste olhar sintético para a obra de Dante Alighieri, uma mina quase infinita de conhecimentos, experiências, considerações em todos os campos da pesquisa humana, impõe-se uma reflexão. A riqueza de figuras, narrações, símbolos, imagens sugestivas e atraentes que Dante nos propõe suscita certamente admiração, maravilha, gratidão. Nele podemos quase entrever um precursor da nossa cultura multimidiática, na qual palavras e imagens, símbolos e sons, poesia e dança se fundem em uma única mensagem. Assim se compreende por que o seu poema inspirou a criação de inúmeras obras de arte de diversos gêneros.

Mas a obra do insigne poeta suscita também alguns desafios para os nossos dias. Que poderá ela nos comunicar, no nosso tempo? Terá ainda algo a nos dizer, a nos oferecer? Terá a sua mensagem alguma função a desempenhar também para nós na atualidade? Poderá ainda nos interpelar?

Hoje, Dante – tentemos fazer-nos intérpretes da sua voz – não nos pede para ser simplesmente lido, comentado, estudado, analisado. Pede-nos, sobretudo, para ser escutado, ser, de certo modo, imitado, fazer-nos seus companheiros de viagem, porque nos quer mostrar também hoje qual é o itinerário para a felicidade, a direita via para viver plenamente a nossa humanidade, superando as selvas escuras onde perdemos a orientação e a dignidade. A viagem de Dante e a sua visão da vida além da morte não são simplesmente objeto de uma narrativa, não constituem apenas um acontecimento pessoal, embora excepcional.

Se Dante conta tudo isto (e o faz de maneira admirável), usando a linguagem comum do povo, a língua que todos podiam compreender, elevando-a à língua universal, é porque tem uma mensagem importante a transmitir, uma palavra que quer tocar o nosso coração e a nossa mente, destinada a transformar-nos e mudar-nos já agora, nesta vida. É uma mensagem que pode e deve tornar-nos plenamente conscientes daquilo que somos e daquilo que vivemos, dia após dia, na tensão interior e contínua para a felicidade, para a plenitude da existência, para a pátria última onde estaremos em plena comunhão com Deus, amor infinito e eterno. Embora Dante seja um homem do seu tempo e possua sensibilidade diferente da nossa em alguns assuntos, todavia, o seu humanismo é ainda válido e atual e pode certamente constituir um ponto de referência para aquilo que queremos construir em nosso tempo.

Por isso, aproveitando esta ocasião propícia do centenário, é importante que a obra de Dante seja mais divulgada, e de maneira mais adequada, isto é, que seja acessível e atraente não só para alunos e estudiosos, mas também para todos aqueles que, ansiosos por dar resposta às questões interiores, desejosos de realizar a sua existência em plenitude, querem viver o seu itinerário de vida e de fé de forma consciente, acolhendo e vivendo com gratidão o dom e o compromisso da liberdade.

Congratulo, naturalmente, os professores que são capazes de comunicar com paixão a mensagem de Dante e introduzir os estudantes no tesouro cultural, religioso e moral contido em suas obras. Mas este patrimônio pede que seja acessível fora das aulas das escolas e universidades.

Exorto as comunidades cristãs, sobretudo as estabelecidas nas cidades que conservam as memórias de Dante, as instituições acadêmicas, as associações e os movimentos culturais, a promoverem iniciativas visando ao conhecimento e à difusão da mensagem de Dante em sua plenitude.

De maneira particular, encorajo os artistas a dar voz, rosto e coração, a dar forma, cor e som à poesia de Dante, ao longo da via da beleza que ele percorreu magistralmente; e assim comunicar as verdades mais profundas e, com as linguagens próprias da arte, difundir mensagens de paz, liberdade, fraternidade.

Neste momento histórico particular, marcado por muitas sombras, por situações que degradam a humanidade, por falta de confiança e de perspectivas para o futuro, a figura de Dante, profeta de esperança e testemunha do desejo humano de felicidade, pode ainda nos dar palavras e exemplos que estimulam o nosso caminho. Pode nos ajudar a avançar, com serenidade e coragem, na peregrinação da vida e da fé que todos somos chamados a realizar até o nosso coração encontrar a verdadeira paz e a verdadeira alegria, até chegarmos à meta última de toda a humanidade, "Volvia o Amor, que move sol e estrelas" (*Par.* XXXIII, 145).

Vaticano, 25 de março,
Solenidade da Anunciação do Senhor,
do ano 2021, nono do meu pontificado

Franciscus

SUMÁRIO

1. As palavras dos romanos pontífices do último século sobre Dante Alighieri 5

2. A vida de Dante Alighieri, paradigma da condição humana 17

3. A missão do poeta, profeta de esperança 23

4. Dante, cantor do desejo humano 27

5. Poeta da misericórdia de Deus e da liberdade humana .29

6. A imagem do homem na visão de Deus 33

7. As três mulheres da *Divina Comédia*: Maria, Beatriz, Luzia 37

8. Francisco, esposo da senhora Pobreza 41

9. Acolher o testemunho de Dante Alighieri 43

Rua Dona Inácia Uchoa, 62
04110-020 – São Paulo – SP (Brasil)
Tel.: (11) 2125-3500
http://www.paulinas.com.br – editora@paulinas.com.br
Telemarketing e SAC: 0800-7010081